FACULTÉ DES LETTRES DE CLERMONT

LEÇON D'OUVERTURE

DU

COURS DE LITTÉRATURE FRANÇAISE

PAR

M. Ch. HANRIOT

DOCTEUR ÈS-LETTRES, ANCIEN MEMBRE DE L'ÉCOLE FRANÇAISE D'ATHÈNES
INSPECTEUR HONORAIRE D'ACADÉMIE, CHARGÉ DU COURS.

INTRODUCTION A L'ÉTUDE DU THÉATRE DE MOLIÈRE

CLERMONT-FERRAND

LIBRAIRIE DUCROS-PARIS, RUE St-GENÈS, 5

TROYES

BERTRAND-HU, IMPRIMEUR-LIBRAIRE

PLACE DE L'HÔTEL-DE-VILLE, 10

1874

FACULTÉ DES LETTRES DE CLERMONT

LEÇON D'OUVERTURE

DU

COURS DE LITTÉRATURE FRANÇAISE

PAR

M. Ch. HANRIOT

DOCTEUR ÈS-LETTRES, ANCIEN MEMBRE DE L'ÉCOLE FRANÇAISE D'ATHÈNES
INSPECTEUR HONORAIRE D'ACADÉMIE, CHARGÉ DU COURS.

INTRODUCTION A L'ÉTUDE DU THÉATRE DE MOLIÈRE

CLERMONT-FERRAND

LIBRAIRIE DUCROS-PARIS, RUE St-GENÈS, 5

TROYES

BERTRAND-HU, IMPRIMEUR-LIBRAIRE

PLACE DE L'HÔTEL-DE-VILLE, 10

1874

FACULTÉ DES LETTRES DE CLERMONT

LEÇON D'OUVERTURE

DU

COURS DE LITTÉRATURE FRANÇAISE

Messieurs,

Une grande nation a rendu hommage à un grand homme, le jour (1) où s'est élevé à Paris, près du Théâtre français, le monument qui porte la statue de Molière. L'illustre *comédien* (donnons-lui hautement ce nom qu'il a su venger d'un injuste mépris) est représenté assis, dans l'attitude grave et méditative qui lui était habituelle. C'est bien *le Contemplateur*, avec ce profond regard où éclate la force de la pensée, et ce front où semble errer encore un triste nuage de mélancolie, fatal attribut de tous ceux à qui il a été donné de scruter et de connaître la nature humaine.

Nul, en effet, Messieurs, n'a mieux connu que Molière nos préjugés, nos défauts, nos passions; nul ne les a traduits sur une scène plus vivante. Aussi, son théâtre est-il toujours jeune, toujours vrai. Les siècles ont transformé la société, ils ont enseveli les pompes fastueuses de Versailles; il n'y a plus ni roi, ni cour; mais l'homme n'a point changé; nos travers ont pris un autre nom, un autre

(1) 14 Janvier 1844.

habit sans rien perdre de leur nature, et en riant des Sganarelle, des Géronte, des Trissotin, des Purgon, des Orgon, de M. Jourdain et de M. de Pourceaugnac, de Bélise et de Cathos, de George Dandin, d'Argan, d'Harpagon, voire des prétentieux marquis, nous croyons rire d'autrui quand nous rions de nous-mêmes.

C'est, messieurs, ce caractère universel du théâtre de Molière et son intarissable popularité qui m'ont porté à le choisir pour sujet de nos premières études. J'y étais encouragé par les sages avis d'un chef (1) que l'enseignement supérieur n'a cédé qu'à regret à l'administration académique, et j'ai cru que ce choix pouvait être approuvé dans une ville où naguère (2) encore le 225e anniversaire du grand comique était célébré avec tant d'éclat et de succès.

Jetons d'abord, Messieurs, un coup d'œil sur ce que fut le théâtre français avant Molière : c'est la préface naturelle et nécessaire de notre étude.

Une scène que vous avez tous lue, et qui compte parmi les plus ingénieuses compositions d'un des auteurs les plus célèbres de notre siècle, peut donner idée de ce qu'étaient jadis en France les représentations dramatiques. Vous vous rappelez ce brave Pierre Gringore de Notre-Dame de Paris, avec sa très-plaisante moralité du Bon Jugement de madame la Vierge Marie, indéfiniment jouée ou plutôt indéfiniment interrompue, en la grand'salle du Palais de Justice. Ce tableau est fait de main de maître et, quoique Pierre Gringoire fût à peine né à l'époque où le poète lui attribue la moralité de 1482, cette licence non impardonnable, tant de fois dépassée d'ailleurs par l'école de la couleur locale, ne saurait empêcher de rendre justice à la vérité de la peinture. La date seule est à changer.

(1) M. le Recteur CH. AUBERTIN, correspondant de l'Institut, précédemment Professeur titulaire de Littérature française à la Faculté de Dijon et Maître de Conférences à l'École Normale supérieure.
(2) Le 15 janvier 1874, on joua *Le Misantrope* et *Les Précieuses*.

Il y a, Messieurs, pour l'histoire de notre vieux théâtre, une date importante et fort connue : c'est celle de 1402, année où furent données par Charles VI les lettres-patentes qui autorisaient les représentations des confrères de la Passion. C'est à ce moment que le théâtre en France prend un caractère légal, qu'il jouit de la protection des magistrats, qu'il devient une institution permanente et reconnue. Et même, à l'instar de toutes les anciennes institutions d'alors, il devient un privilége ; car les confrères, malgré tout, restent en possession du droit exclusif de représenter des pièces en public jusqu'en 1629, c'est-à-dire jusqu'à la veille du *Cid*.

Mais si la charte royale de 1402 a constitué le théâtre, elle ne l'a pas créé. On jouait déjà des mystères avant cette époque, et nous savons, par exemple, que le mystère du Vieil Testament fut représenté à l'Entrée que fit la reine Isabeau de Bavière en 1385. Il n'est pas impossible que la faveur octroyée par le roi Charles VI quelques années plus tard, n'ait été une conséquence gracieuse de cette représentation. Le mystère de Griselidis, marquise de Saluces, et de sa merveilleuse constance, miroir des dames mariées, paraît aussi avoir été joué dès l'année 1395. N'allons pas toutefois jusqu'à dire, avec le fameux critique des Lundis (1), que l'acte de 1402 fut une fin et non pas un commencement, exagération bizarre, que les séduisantes assertions et les trouvailles, plus curieuses que précieuses, de MM. Fauriel, Charles Magnin, Francisque Michel, avaient mise à la mode et contre laquelle nous avons à nous tenir en garde.

Irons-nous, par exemple, jusqu'à compter, avec M. Magnin, trois périodes dramatiques, savoir : « la 1re du premier
» au VIe siècle, dont il ne nous reste, dit M. Francisque
» Michel lui-même, aucun monument ; » la 2e, du VIe au

---

(1) SAINTE-BEUVE. Poésie au XVIe siècle, page 175 de l'édit. de 1843.

XIIe siècle, qui n'a d'autre fondement qu'une insigne complaisance pour un dialogue en latin d'église entremêlé de quelque patois languedocien ; la 3e enfin, allant du XIIe au XVe siècle, mais, selon les déclarations de M. Magnin, ne présentant de monuments réels et connus qu'à partir du XIVe siècle? Est-ce sur de pareilles bases que nous pouvons échafauder tout un système de « perpétuité de l'art dramatique en France? »

A tout prendre, j'aimerais encore mieux le sentiment de Boileau sur notre ancien théâtre, quoique ce sentiment ait été fort vertement réprimandé par la critique novatrice du temps présent, et que Boileau se soit attiré par là, de la part de nos modernes Aristarques, le dur reproche d'ignorance. Vous avez tous, Messieurs, récité ces vers si précis, si bien frappés et qui, comme tous ceux du même poète, une fois entrés dans la mémoire, n'en peuvent plus guère sortir :

> Chez nos dévots aïeux, le théâtre abhorré
> Fut longtemps dans la France un plaisir ignoré.
> De pèlerins, dit-on, une troupe grossière
> En public à Paris y monta la première ;
> Et sottement zélée en sa simplicité,
> Joua les Saints, la Vierge, et Dieu, par piété.

Viennent ensuite, d'abord la renaissance des lettres, puis la galanterie polie et raffinée du XVIIe siècle. Le théâtre ne pouvait échapper à cette double influence. Écoutons Boileau :

> Le savoir, à la fin, dissipant l'ignorance,
> Fit voir de ce projet la dévote imprudence.
> On chassa ces docteurs prêchant sans mission ;
> On vit renaître Hector, Andromaque, Ilion.
> Seulement les acteurs laissant le masque antique,
> Le violon tint lieu de chœur et de musique.
> Bientôt l'amour, fertile en tendres sentiments,
> S'empara du théâtre ainsi que des romans.

De cette passion la sensible peinture
Est pour aller au cœur la route la plus sûre :
Peignez donc, j'y consens, les héros amoureux ;
Mais ne m'en formez pas des bergers doucereux.

Je ne m'excuse point, Messieurs, de cette citation un peu longue : je suis sûr que vous avez plaisir à revoir en passant cette poésie franche de ton, colorée sans être fardée, vive et enjouée sans afféterie, et où le bon sens devient du génie.

En vérité d'ailleurs, et quoi qu'on en ait dit, je ne saurais trouver un résumé plus net et plus saisissant de l'histoire de notre théâtre. Je crois avoir vu, Messieurs, pour me guider dans l'exposé que j'avais à vous présenter, à peu près tout ce qui s'est publié autrefois ou récemment sur les origines de l'art dramatique en France, à commencer par l'ouvrage non moins volumineux que consciencieux de ces bons frères Parfaict, auxquels il faut toujours revenir. Nulle part, je l'avoue, je n'ai vu les preuves qu'il existât réellement un théâtre français avant l'époque des confrères de la Passion, c'est-à-dire avant la dernière moitié du XIVe siècle et les commencements du XVe.

Accordons, si l'on veut, qu'il y eut, dans les églises, à une époque ancienne, des *récitatifs figurés*, se rapportant aux principales scènes de l'Office et des Évangiles, telles que l'adoration des mages, les noces de Cana, la Passion. Reconnaissons aussi que, soit dans les couvents, soit dans les maisons seigneuriales ou princières, il y eut quelques germes de représentations dramatiques, quelques ébauches de mise en scène. Mais est-ce là ce qu'on peut appeler un théâtre ?

Laissez-moi, Messieurs, vous énoncer rapidement, siècle par siècle les pièces de ce prétendu théâtre antérieur aux confrères.

La liste s'ouvre par le Christ souffrant, rapsodie grecque longtemps attribuée à Saint Grégoire de Nazianze, et par le Jeu des sept sages, composé par Ausone vers la même époque, c'est-à-dire au IVᵉ siècle. Pour remonter plus haut, il nous faudrait admettre, avec certain critique, grand découvreur de mystères inédits, de tapisseries historiques, de trouvères, etc., que les agapes des premiers chrétiens ont produit la *fête des fous* : nous nous dispenserons d'aller jusques-là.

Au Vᵉ siècle, nous trouvons des processions où l'on promène des gargouilles, des animaux fabuleux : c'est là sans doute une représentation, un spectacle public ; mais on est pardonnable de n'y pas voir même un commencement d'art dramatique.

Du VIᵉ au Xᵉ siècle, nous rencontrons, en 587, deux cents religieuses qui, aux funérailles de Sainte-Radegonde, chantent, avec une sorte d'intervention des assistants, une amœbée plaintive autour du tombeau. On trouve aussi des dialogues allégoriques, comme l'*Ocipus*, dont les personnages sont la goutte, un médecin, la douleur : il y a même un chœur, qui naturellement est un chœur de goutteux. Avec ce dialogue, auquel nous pouvons joindre, pour faire nombre, le Jugement de Vulcain et deux ou trois autres églogues du même genre, qui prouvent tout au moins que le souvenir de l'antiquité latine n'était pas complètement éteint, nous aurons tout le lot dramatique de ces quatre siècles. Nous ne parlons pas, bien entendu, de la Cantilène de Sainte-Eulalie, qui, après le serment de Strasbourg, est le premier monument connu de la langue française. Cette œuvre, cet unique et insigne débris, date de la fin du IXᵉ siècle, mais n'a rien de commun avec les origines du théâtre.

Nous continuons, au Xᵉ, par un colloque de Vérité et de Mensonge, *Alithia* et *Psevtis*, c'est-à-dire christianisme et paganisme, chanté à quelque repas d'évêque. Puis viennent les poëmes allégoriques de Hroswitha, dont on a voulu faire un événement. Cette Hroswitha (Rose blanche) était une religieuse mystique et savante du couvent de Gandersheim en Brunswick. Elle voulut chanter, dans la mesure de son petit génie, comme elle le dit elle-même, « juxta mei facultatem ingenioli, » les triomphes de la chasteté ; et pour cela elle composa un assez bon nombre de petits poëmes, dont quelques-uns, traduits en français vers 1845, ont défrayé pendant plusieurs années la critique littéraire et servi d'aliment à l'avidité archéologique de l'époque. M. Ch. Magnin, voué à la recherche des origines du théâtre moderne, donna même à cette collection le titre de Théâtre de Hroswitha. Ces poëmes furent-ils joués par les nonnes du couvent de Gandersheim, ou ne sont-ils que des compositions de cabinet? La deuxième supposition est la plus probable, à en juger par certaines situations fort risquées (dans la pièce d'Abraham par exemple) dont je n'oserais vous reproduire l'analyse, et que l'on se figure difficilement avoir été représentées par une troupe de nonnes devant leur abbesse. Quoi qu'il en soit, toutes ces compositions, qui sont en latin et qui appartiennent à l'Allemagne, ne sauraient être regardées comme un commencement de théâtre français. Il serait bien plus juste, en tous cas, d'attribuer cet honneur aux fameux poëmes de Clermont, la *Passion* et le *Saint-Léger*, qui, s'ils ne peuvent être classés parmi les œuvres théâtrales, sont du moins un des monuments les plus précieux de notre langue à la fin du Xe siècle.

Un fait nouveau se produit au XIe siècle : c'est une première immixtion de la langue vulgaire dans les récitatifs dialogués de l'Église. Les archives manuscrites de l'abbaye de Saint-Martial d'Auvergne, à Limoges, ont fourni à M. Raynouard la pièce, devenue célèbre, où l'on voit des vierges sages et des vierges folles, « prudentes, fatuæ » attendre, près du tombeau du Christ, la résurrection de l'époux divin. Cette prose alternative, tantôt latine, tantôt provençale, probablement récitée à la solennité de

Pâques, ne diffère pas, pour le fond, des autres proses rimées qui se chantaient ou qui se chantent encore dans les églises. Il faut beaucoup de bonne volonté pour en faire un « important monument dramatique, » ainsi que s'exprime M. Jubinal.

Le XIIe siècle, qui est, pour la littérature provençale, avec le XIIIe, l'âge d'or de la poésie lyrique, marque, dans le nord, l'avénement littéraire de la langue parlée. Cette langue, qui va bientôt produire Villehardouin et Joinville, intervient de plus en plus dans les récitatifs d'église et de couvent, sans exclure néanmoins l'ancien usage des dialogues religieux, tout en latin, qui avaient fini par faire en quelque sorte partie du rituel. Nous avons une dizaine de ces dialogues latins; ils ont été édités par M. de Montmerqué. En langue vulgaire, nous avons un fragment d'un poëme « ludus » sur la résurrection du Sauveur, trouvé en 1834 dans un manuscrit de la bibliothèque nationale.

Ce poëme, où la partie narrative fait corps avec le dialogue, paraît bien n'avoir pas été joué, mais seulement récité : c'est encore de la liturgie, ce n'est pas de l'art théâtral, bien qu'une certaine tendance vers cet art s'y fasse déjà sentir. L'époque de la composition est, du reste, incertaine. Un premier examen avait conduit M. Paulin Pâris à classer le manuscrit dans les œuvres du XIIe siècle; il fut amené par un deuxième examen, à le faire redescendre au siècle suivant.

« C'est vers la fin du XIIIe siècle, dit M. Magnin lui-même, que le théâtre renaît dans presque toutes les contrées de l'Europe; » et il me semble, Messieurs, que nous pouvons souscrire à cette conclusion, qui est une espèce d'aveu. Remarquons cependant que les compositions alors en vogue, le Jeu du Pèlerin, le Jeu de Robin et Marion, le Jeu de Saint-Nicolas, le Jeu de Pierre de la Brosse, le Miracle de Théophile, enfin le Jeu de la Feuillée (car les six poëmes que je viens d'indiquer composent tout l'inventaire dramatique du XIIIᵉ siècle); remarquons, dis-je, que ces compositions, tout en offrant une sorte de physionomie scénique, ne sont encore que des pastorales, des dialogues, et n'ont pas été, à vrai dire, représentées. En outre, toutes, à l'exception du Miracle, datent de la fin du XIIIᵉ siècle et confinent, par conséquent, au XIVᵉ, moment que nous avons admis tout d'abord, vous le savez, comme l'époque initiale de notre théâtre.

Ainsi, Messieurs, des poëmes ecclésiastiques, des miracles et des légendes en dialogues rhythmés, des allégories morales, des proses liturgiques entremêlées de patois et, selon l'expression consacrée, des épîtres farcies « epistolæ farcitæ; » enfin, des amplifications de couvent ou des entremets de repas seigneuriaux, voilà quels seraient les antécédents de notre théâtre avant les représentations des Confrères.

Ne vaudrait-il pas mieux, sans vouloir raffiner sur les germes et innover sur les origines, reconnaître tout simplement qu'il n'y eut pas de théâtre en France avant le XVᵉ siècle. A la vérité, on se trouverait d'accord ainsi avec un ancien critique, qui n'a connu ni « le théâtre » de Hroswitha, ni les Vierges sages et les Vierges folles, ni les Épitres farcies; il en coûtera peut-être quelque chose à notre amour-propre d'avoir édité tant de vieux textes, pour n'arriver qu'à répéter avec Boileau, que « le théâtre fut longtemps, chez nos dévots aïeux, un plaisir ignoré. » Toutefois, Messieurs, je n'y vois pas grand mal et, quand les idées reçues ont du bon, je trouve assez sage de s'y tenir.

De notre temps, il faut le dire (permettez-moi cette réflexion en passant), les idées reçues traversent une phase pénible. Ce n'est pas assez que le moyen-âge, jadis réputé époque de barbarie, s'enveloppe aujourd'hui d'une auréole d'admiration et de respect; il faut même que sa langue, du moins celle du XIIᵉ siècle, soit déclarée « bien supérieure à la langue du XVIIe. » Nous avions cru que le mouvement des communes était une révolte contre l'oppression féodale ; c'est une vieille idée à laquelle il faut renoncer. Le trop fameux sac de Beziers n'est plus qu'une légende apocryphe. On nous avait ravi Clémence Isaure, réduite par la critique moderne à l'état de simple mythe ; nous risquons fort de perdre bientôt la Laure traditionnelle de Pétrarque, cette belle Laure de Noves qui se croyait immortelle et que l'on est en train de remplacer par une autre Laure, nouvellement découverte.

Ne parlons plus des fameux druides, puisqu'aussi bien, après en avoir fait d'abord des égorgeurs de victimes humaines, puis des initiateurs sublimes, on est arrivé à ne savoir pas au juste ce qu'ils étaient ; mais que d'autres questions sur lesquelles les idées reçues sont battues en brèche ! Pépin d'Herstall n'a jamais possédé le domaine d'Herstall ; la consultation adressée par Pépin le Bref au pape Zacharie n'a peut-être jamais eu lieu ; l'inquisition et les dragonades étaient « la manifestation naturelle et jusqu'à un certain point légitime de certaines idées particulières ; » la Saint-Barthelémy trouve son excuse dans ces mêmes idées. L'antiquité même la plus vénérable n'offre pas un asile sûr : ce Codrus, que nos souvenirs de collège semblaient protéger contre toute atteinte, ce dernier roi d'Athènes, ce héros dévoué à son pays « pro patria non timidus mori, » n'est plus qu'un vulgaire spéculateur qui se fait tuer dans le combat pour assurer le trône à ses enfants. C'est du moins ce que démontre, paraît-il, un Allemand, que sans doute les lauriers de Niebuhr, ce terrible démolisseur de rois, empêchaient de dormir.

Usons, si vous le voulez bien, Messieurs, d'une sorte de droit provincial, en restant fidèles, aussi longtemps que nous le pourrons, aux idées consacrées. Ne nous pressons pas de détruire la statue de Louis XIV, ni même celle de Napoléon. Soyons indulgents pour toutes nos gloires. Je vous demande, pour ma part, la permission de résister à des assertions audacieuses, de ne pas plus croire à la grandeur littéraire qu'à la civilisation du moyen-âge, de ne pas sacrifier Racine ou Molière à Shakespeare et de préférer l'art poétique de Boileau à la dramaturgie de Lessing.

Nous voilà revenus, par un détour que je vous prie d'excuser, à notre point de départ, c'est-à-dire aux vers de Boileau, dont j'ai cherché à maintenir devant vous l'autorité. Il nous reste à savoir ce qu'était ce théâtre des Confrères, ce théâtre du XV° siècle, prédécesseur plutôt qu'ancêtre du théâtre du XVII° siècle.

C'est encore dans le recueil des frères Parfaict, recueil qui doit tant aux savants abbés Sallier, Desmarais, Contet, que l'on trouve à cet égard les renseignements les plus complets. Je ne vous souhaite pourtant pas, Messieurs, d'être obligé de le lire : rien, à vrai dire, n'est plus ennuyeux. Les frères Parfaict conviennent eux-mêmes qu'ils ont fait œuvre méritoire, en dépouillant tout ce fatras, pour en extraire ce qui méritait d'être présenté au lecteur. « Ces poëmes, disent-ils, indépendamment de leur » extrême rareté, sont ennuyeux à l'excès. Tout y contri- » bue, plan ridiculement construit, vers sans cadence et » sans règles, langage devenu presque inintelligible, igno- » rances et grossièretés sans nombre; en un mot, tout ce » qui peut rendre une lecture rebutante se trouve rassem- » blé dans ces pièces. » Vous avez là, Messieurs, une définition exacte de notre vieux théâtre et de toutes les soi-disant pièces dramatiques qui l'ont précédé. Le grand d'Aussy, jésuite qui publia d'après les manuscrits, en 1780, un fragment du Jeu de Saint-Nicolas, dénomme aussi cette pièce « une production très-longue, encore plus an- » nuyeuse et d'un genre absurde. » M. Onésime Le Roy, qui a publié un gros livre sur les mystères, a beau se révolter contre cet arrêt : le jugement du jésuite est le bon.

Nous pouvons, au surplus, apprécier nous-mêmes par

un exemple, ne fût-ce que pour ne plus y revenir, ce qu'étaient ces anciennes représentations théâtrales. Si le véritable art dramatique y fait presque complètement défaut, du moins nous offriront-elles un des côtés les plus curieux des mœurs de nos pères.

J'aurais voulu, Messieurs, pouvoir, à cet effet, me servir aujourd'hui d'un mystère manuscrit qui se trouve, paraît-il, aux archives de cette ville, et dont M. votre savant bibliothécaire m'a bien voulu donner un séduisant avant-goût. A défaut de cette intéressante relique locale, prenons pour type du genre le mystère qui fut joué à Metz en 1437, année célèbre, vous le savez, par la rentrée de Charles VII à Paris et l'expulsion définitive de l'étranger. Metz était alors ville impériale libre; mais déjà son cœur était français, et il n'a pas cessé de l'être. L'évêque d'alors, sir Conrad Bayer, fut le promoteur de la grande solennité, dont l'éclat et les joies concordèrent trop bien avec l'heureux événement de la délivrance nationale, pour que cette concordance ait été l'effet du hasard. Toute la noblesse de Lorraine et du Rhin, « moult de seigneurs et de dames, » dit la chronique; une pleine foule de bourgeois et de tous les lieux à l'alentour étaient accourus.

Le premier jour, qui était le 3 juillet, on commença par chanter une grand'messe dans cette superbe basilique de Saint-Étienne, alors inachevée, qui rappelle tant de scènes de l'ancienne monarchie carlovingienne et où se conserve encore la chape de Charlemagne. Puis on se rendit hors la ville, dans une plaine où un vaste amphithéâtre à neuf étages de gradins reçut des milliers de spectateurs. Des loges ou tentes, « faites en très-noble façon, » dit la relation originale, étaient disposées à divers endroits du pourtour pour les Seigneurs ou Dames. Il était assez d'usage, Messieurs, que, dans ces circonstances, on utilisât les restes des anciens amphithéâtres des cirques romains. Ainsi, à Bourges, en 1536, la représentation fut faite, selon un vieil historien du Berry, « sur le circuit de l'ancien amphithéâtre ou Fosse des Arènes. » Il n'y aurait donc rien d'étonnant à ce que la représentation de 1437 à Metz ait eu lieu dans la vaste et remarquable naumachie romaine, située hors des portes, à l'entrée de la plaine de la Seille. Elle est formée d'un haut talus à plusieurs étages, gazonné, et dominant un grand bassin de forme elliptique, où il était facile d'introduire les eaux de la rivière. Comprise dans le périmètre fortifié, cette naumachie est devenue, je ne sais si c'est une demi-lune ou une lunette, et c'est ce qui l'a protégée. Soixante mille spectateurs y purent trouver place et même s'asseoir, abrités, comme ceux de Bourges, contre les intempéries ou contre l'ardeur du soleil, par des charpentes et des toiles, « tant bien et excellemment peintes d'or, d'argent, d'azur et autres riches couleurs, qu'impossible est de le savoir réciter. »

Vous vous rappelez peut-être, Messieurs, ce qui, dans ce théâtre d'autrefois, correspondait à ce que nous appelons aujourd'hui la scène. C'était une vaste machine, une espèce de château, généralement divisé en trois compartiments, l'enfer au-dessous, la terre au milieu, le paradis en dessus. « Et était la bouche d'Enfer très-bien faite, dit la Chronique de Metz; car elle ouvrait et cloait quand les diables voulaient entrer et sortir, et elle avait deux gros yeux d'acier. »

Tout d'abord on vit Dieu en paradis avec ses anges, qui l'imploraient pour la rédemption de l'homme. Paix et Miséricorde se jetèrent à ses pieds; Justice et Vérité plaidèrent contre Paix et Miséricorde, en suite de quoi Dieu déclara que, pour racheter le crime commis, il fallait qu'il se trouvât un homme sans péché, qui consentît à souffrir les tourments et le supplice pour le salut de l'humanité. On vit ensuite, dans le second compartiment, c'est-à-dire sur terre, se célébrer le mariage de Joachim et de Anne, fille d'Ysacar, duquel mariage devait naître la vierge Marie.

Bientôt après, on se trouva transporté 20 ans plus tard et on vit reparaître Anne et Joachim, qui se désolaient de n'avoir pas d'enfants et qui imploraient Dieu et ses anges. Gabriel descendit de son étage et leur annonça que leurs vœux étaient exaucés. Les serviteurs de Joachim, à cette nouvelle, expriment leur joie, à laquelle, dans leur chant alternatif, ils associent assez poétiquement la nature entière :

> Les pastourelles chanteront,

> Pastoureaux jetteront œillades

> Les Nymphes les écouteront,
> Et les Dryades danseront
> Pan viendra faire ses gambades,
> Revenant des champs Elysées ;
> Orpheus fera ses sonnades ;
> Lors Mercure dira ballades,
> Et chansons bien autorisées.

Ne croirait-on pas entendre un prélude de Remi Belleau ? Je ne répondrais pas, au surplus, que ces vers soient bien de 1437, et ne proviennent pas d'un remaniement postérieur.

Quoi qu'il en soit, Marie, âgée de trois ans, parut ensuite et se dirigea, conduite par ses parents, vers Jérusalem, située au centre du compartiment Terre. Le Temple, élevé sur quinze degrés, y atteignait presque de son faîte le plancher du Paradis. Pendant que Marie faisait ses oraisons et s'occupait dévotement à lire la prophétie d'Isaïe, plusieurs démons, envoyés par Lucifer, « issirent » de la gueule infernale, pour venir observer celle qui menaçait leur empire ; et d'un autre côté, l'ange Gabriel redescendit de son empyrée, pour admirer la jeune Vierge en prière, à laquelle les démons eux-mêmes rendirent hommage : « Elle est, dirent-ils, plus belle que Lucrèce, plus que Sara dévote et sage ; c'est une Judith en courage, une Esther en humilité, et Rachel en honnêteté; en langage est aussi bénine que la Sibylle Tiburtine. »

Après diverses autres scènes, qu'il serait trop long de rapporter, on assista aux « épousailles » de Marie et de Joseph :

>   Suave et odorante rose (dit celui-ci)
>   Je sais bien que je suis indigne
>   D'épouser vierge tant bénigne.
>   Nonobstant que soie descendu
>   De David, bien entendu,
>   Ma mie, je n'ai guère de biens. —
> Marie répond : Nous trouverons bien les moyens
>   De vivre, sans que y mettons peine :
>   En teinture de soie et laine
>   Me connais — C'est bien dit, ma mie,
>   Aussi de ma charpenterie
>   Je gagnerai quelque chosette.

Gabriel, qui est fort occupé, descend de rechef pour promettre un fils à Zacharie, époux d'Elisabeth, et comme Zacharie n'a pas trop l'air d'y croire, il l'en punit en le rendant muet. L'histoire continue à se dérouler, à peu près telle que l'Évangile la raconte, salutation angélique, visite de Marie à Élisabeth, naissance de Jean le Précurseur, incertitudes de Joseph et nouvelle descente de Gabriel pour le rassurer; mandement de Cyrinus, prévôt de Judée au sujet du recensement; voyage à Bethléem. Tout cela fait autant de scènes, sans compter les démons qui sans cesse vont et viennent pour examiner ce qui se passe, et qui, voyant que l'affaire devient sérieuse, commencent à s'inquiéter.

Arrive le grand moment de la nativité. Les époux divins ont été fort mal accueillis par les hôteliers de Bethléem : « C'est logis pour gens de cheval, leur disent-ils, et non pas pour gens si méchants. Allez loger emmy les champs, et vuidez hors de ma maison. » Mais un chœur céleste se fait entendre au Paradis, et les saints anges Michel, Raphaël, Gabriel, Uriel, Séraphin, Chérubin, descendent ensemble, tout environnés de gloire, pour adorer le nouveau-né. « Ici, dit le texte, faut une nuée où seront les Anges. » Joseph, qui s'est encore absenté, pour aller aux provisions, est tout ravi, à son retour, de trouver l'enfant né et joint son hymne d'adoration à celui des anges.

Il faut croire que cet étage de la Terre était divisé en de nombreuses sections, ou que les spectateurs montraient de la bonne volonté. Car, après avoir vu successivement le logis de Joachim, celui d'Isachar, le temple de Jérusalem, la maison de Joseph et celle de Zacharie, puis Bethléem et la crèche, il reste à voir le désert d'Égypte, le palais d'Hérode, etc. Cependant on peut remarquer une certaine attention, disons même un certain art, pour faire converger les événements autour du temple et sur la place publique qui le précède.

C'est sur cette place qu'arrivent les pastoureaux, avertis par Gabriel de la naissance du Sauveur, et les trois rois conduits par l'étoile. Ils se rendent ensuite ou plutôt ils entrent à Bethléem et offrent leurs présents. Les rois, qui sont ceux de Saba, d'Arabie, et de Tarse, offrent l'or, la myrrhe et l'encens ; les bergers un flageolet « qui a coûté deux deniers à la dernière foire de Bethléem et qui en vaut bien quatre, un beau calendrier de bois pour savoir les jours et les mois » et autres cadeaux de ce genre. L'hôtelier s'empresse de faire ses offres de service aux trois rois, qui acceptent de souper chez lui et qui le paient grassement.

Je craindrais de vous fatiguer, Messieurs, en poursuivant l'analyse de ce mystère, dont pourtant nos aïeux se sont contentés pendant près de deux siècles. Ils aimaient ces représentations vivantes d'une histoire, si dramatique par elle-même, et qui renfermait toute leur foi comme toutes leurs connaissances. Les sculptures et les vitraux de leurs cathédrales reproduisaient, sous mille formes, à la fois inspirées et naïves ou souvent même grotesques, les légendes sacrées ; et les peintres, à leur tour, en faisaient le sujet de leurs tableaux. On ne comprendrait pas bien l'état ancien et les origines du théâtre en France, comme chez les autres nations chrétiennes, si on ne faisait ces rapprochements.

Quand le père de l'école florentine, Giovanni Cimabué eut terminé (en 1302) son tableau de *la Vierge aux anges*, tout un peuple porta en triomphe, au son des trompettes, jusqu'à l'église Sainte-Marie-Nouvelle, l'œuvre magistrale qui répondait si bien à sa foi. C'est à ce profond sentiment populaire que furent dus les chefs-d'œuvre des arts. Les scènes de la Passion, la Sainte Famille, le mariage de la Vierge, l'Annonciation des anges aux bergers, l'adoration des Mages, les Noces de Cana, les vendeurs chassés du Temple, Pilate se lavant les mains, le Reniement de Saint-Pierre, l'incrédulité de Saint-Thomas, voilà, avec bien d'autres sujets analogues, sur quoi s'exerçait, vous le savez, le talent des Giotto (né en 1366), des Fra Angelico, des Van Dyck, des Zemling, des Mantegna, des Luc de Cortone, des Pérugin (15e siècle), ces maîtres renommés, dont les travaux jettent de l'éclat sur le moyen-âge à son couchant. La cour papale d'Avignon (1309-1411) et la brillante cour des ducs Valois de Bourgogne (1363-1477), toutes deux protectrices des arts, en secondent l'essor. Par là, et surtout grâce à cette sorte de renaissance nationale qui précède la renaissance littéraire, le XIVe et le XVe siècles deviennent comme l'aurore des splendeurs immortelles que projetteront les deux siècles suivants.

Vous voyez donc, Messieurs, combien il importe de ne pas séparer des choses qui doivent être unies, et de ne pas considérer le mouvement littéraire en dehors du mouvement général des esprits et du progrès de la nation elle-même. Alors nous comprenons ce drame tout hiératique, dont l'empire se prolongea jusqu'aux abords du XVIIe siècle et qui sembla même, en plein XVIIe siècle, revivre dans Polyeucte, dans Esther et Athalie, comme les vieilles peintures sacrées de Michaël Wolgemuth, de Luis Moralès, de Taddeo di Bartolo, de Giovanni Bellini, s'idéalisèrent plus tard sous le pinceau de Léonard de Vinci, du Titien, du Corrège et du divin Raphaël.

Alors aussi nous sommes portés à nous montrer moins sévères pour les fautes de costumes et les naïvetés, qui ont été tant de fois signalées dans nos plus anciennes œuvres dramatiques. La fidélité des costumes est-elle mieux observée dans ces tableaux, si célèbres, des Noces de Cana (par Paul Véronèse), de la Fuite en Égypte (par Rubens), de la Passion ou des Pèlerins d'Emmaüs (par Rembrandt), tableaux dont les personnages sont Vénitiens, Espagnols ou Hollandais, sans que pourtant la composition en ait moins de caractère. Assurément il n'est pas malaisé de reconnaître dans mainte et mainte scène de nos vieux Mystères les mœurs bourgeoises ou les usages seigneuriaux du temps. C'est, par exemple, Lazare arrivant avec son faucon sur le poing et son page qui mène ses chiens après lui ; Nabuchodonosor commandant à Holopherne de marcher avec son maréchal et le grand-maître de l'artillerie ; la Magdeleine à sa toilette, se mirant dans une glace de Venise, tandis qu'un jeune seigneur de la cour d'Hérode lui chante quelque ballade nouvelle. Les détails les plus familiers se mêlent aux scènes les plus pathétiques. Les saintes femmes, dans le dessein d'embaumer le corps du Sauveur, vont faire emplette de parfums chez l'épicier du coin, qui ne manque point de les surfaire. « N'en pourrait-on point ra-
» baisser, cher maître, lui disent-elles, soyez-nous benin.
» En vérité, dame, nenny, répond l'épicier, croyez que je
» n'y gagne guère, et je vous parle en conscience, » ajoute-t-il. Ailleurs nous voyons Judas qui fait une partie d'échecs

avec le fils du roi de Scarioth, ou les apôtres qui sortent tout exhilarés du repas de Simon le lépreux : « Pour Dieu, » ne nous veuille déplaire, dit l'un d'eux au maître du » logis, si souvent céans revenons. » Aux Noces de Cana, lorsque l'eau a été changée en vin : « Si savais faire ce qu'il fait, dit Abiras disciple de Saint-Jean-Baptiste, toute la mer de Galilée serait tantôt en vin muée ; et jamais sur terre n'aurait goutte d'eau, ne pleuvrait rien du ciel que tout ne fût vin. »

Ces familiarités, ces emprunts fréquents à la vie usuelle, je crois, Messieurs, qu'il faut les attribuer, bien moins à l'ignorance ou à la naïveté des auteurs de Mystères, qu'à leur désir de rendre plus vivante et plus réelle la représentation des récits sacrés. L'illusion du spectateur était ainsi plus complète, et je verrais là plutôt l'effort d'un art naissant qu'une absence d'art.

Quant à l'imperfection de leur mécanisme théâtral, elle est d'autant plus sensible que les données même de leurs sujets les obligeaient à de multiples changements de décors. Le Mystère du Vieux-Testament, qui fut joué pendant tout le cours du XV° siècle, comprenait la sortie d'Égypte, le passage de la mer rouge, l'histoire de Job, de Tobie, de Daniel, de Suzanne, d'Esther, d'Octave-Auguste et de la Sibylle. Il commençait par la création du ciel et de la terre. Dieu paraissait d'abord tout seul en Paradis, puis il créait le Ciel : « Adoncques, dit l'auteur, se doit tirer un ciel couleur de feu, auquel sera écrit *Cœlum empyrœum.* » Puis venaient les anges et parmi eux Lucifer. Dieu créait alors le Jour et la Nuit : « Adoncques se doit montrer un » drap peint, c'est assavoir la moitié toute blanche et l'au-» tre noire. » Bientôt arrivait Noë, puis le Déluge. Comment s'y prendre pour représenter le Déluge ? Cela serait embarrassant, même aujourd'hui que l'on a poussé l'art du décor à ses dernières limites. Notre auteur de Mystères n'en est pas plus embarrassé que de la mer Rouge et du

reste : « Ici, dit-il, surmonteront les eaux tout le lieu où
» l'on joue les Mystères, et y pourra avoir plusieurs hom-
» mes et femmes qui feront semblant d'eux noyer. » Quand
nous sommes à Moïse gardant les troupeaux de Jéthro et
au Buisson ardent, nous trouvons cette mention : « Ici
fault un Désert. » L'auteur n'indique pas comment se fait
ce Désert : il paraît qu'il y en avait en magasin.

Une des singularités, ou plutôt des nécessités de ce système théâtral était aussi de représenter le même personnage aux diverses époques de sa vie, « enfant au premier
» acte, et barbon au dernier. » Il est vrai qu'ici les actes
étaient des journées et qu'une seule pièce durait quelquefois huit ou dix jours. Le mystère des Actes des apôtres,
joué au Mans en 1510, dura même quarante jours. Malgré
cela, comme un enfant n'avait pas le temps de devenir
barbon en 40 jours, il fallait plusieurs personnes pour jouer
le même rôle. Ainsi il y avait trois Maries, l'une pour Marie âgée de trois ans, une deuxième Marie de 13 ans, et une
troisième pour Marie mère du Sauveur. Le livret ne manquait pas d'indiquer ces changements de personnes dans
le même rôle, « Ci fine la jeune Sara, Ci fine le petit Sa-
» muel, Fin du petit Salomon, cy fine Jésus enfant, cy
» commence la grande Marie. » On remontait même jusqu'à la naissance des personnages. Dans le Sacrifice d'Abraham, mystère joué à Paris devant François Ier, en 1539,
Isaac, fils de Sara, paraissait en scène dès le moment de sa
naissance « Icy, dit le livret, fault un enfant nouveau-né. »

On peut imaginer ce qu'il fallait de monde pour jouer
tant de rôles et représenter tant d'actions diverses. Dans
le mystère de la Conception, Passion et Résurrection, il y
avait cent personnages ; il fallait donc non une simple
troupe, mais une confrérie pour suffire à la tâche. Et parmi ces confrères nous voyons des personnes de toutes
conditions. Ainsi dans le Mystère de sainte Catherine, Jean
Didier, un notaire, était sainte Catherine. La plupart

étaient de bons bourgeois, exerçant d'honorables professions et bien connus dans leur paroisse. A Metz, ce fut le curé de Saint-Victor qui fit Jésus-Christ et, selon ce que rapporte la chronique de Metz, le crucifiement fut si bien exécuté, que ledit curé faillit y périr. Le lendemain il joua, presqu'au naturel, la résurrection. Un autre prêtre, le chapelain de Mégange, qui faisait Judas, se pendit si consciencieusement que l'on eut tout juste le temps de le dépendre pour le ramener à la vie.

Ce n'est pas toutefois, Messieurs, par ces côtés un peu grotesques qu'il faudrait juger, soit le goût de nos aïeux, soit les efforts de nos premiers auteurs dramatiques. Ce qui a manqué surtout aux œuvres de ce temps, c'est la langue, car, en fait de bizarreries scéniques, elles ne sont guère plus étranges que les pièces de Lope de Véga ou même de Shakespeare. Dans *Jules César* la scène est tantôt à Rome, tantôt à Sardes, tantôt à Philippes; dans *Antoine et Cléopâtre* on fait presque le tour du monde; dans le *Conte d'hiver* Perdita naît, grandit et se marie en une seule soirée. Quant à la géographie et à la chronologie, ces deux poëtes en font tout aussi peu de cas que nos auteurs de mystères. L'un nous montre Néron courant les rues de Rome avec une guitare et chantant un sonnet sous le balcon de sa maîtresse; dans l'autre, Cléopâtre, qui propose une partie de billard, peut marcher de pair avec Judas jouant aux échecs.

Mais ce qui a fait défaut, disons-nous, à notre théâtre naissant, c'est une langue précise, correcte, énergique et colorée, à la fois noble et simple, populaire sans être triviale. Le XVe siècle fut peut-être l'âge le plus critique de la langue française. La littérature féodale, celle des troubadours, des trouvères, des chansons de geste, n'avait pas survécu à la chevalerie, aux croisades, à l'état social d'où elle était née. Le moyen-âge s'en allait; les temps modernes n'avaient pas commencé. Déjà cependant on en voyait poindre les premières lueurs. Le sentiment national s'était développé dans la longue guerre contre les Anglais; une simple fille du peuple avait été l'héroïne de la délivrance; le peuple lui-même, jadis serf, était devenu bourgeois et le beffroy communal tenait le donjon en respect. Une France nouvelle, la France royale, succédait à la France féodale. Après Philippe-Auguste et son petit-fils St-Louis, premiers restaurateurs de la monarchie, la royauté, pendant tout le cours du XIIIᵉ et du XIVᵉ siècle, n'avait cessé de grandir, chaque province venant à son tour se rallier au faisceau de l'unité nationale, le comtat Venaissin (1273), la Navarre (1285), la Guyenne (1299) au XIIIᵉ siècle, Lyon (1312), Montpellier (1349), le Dauphiné (1349) au XIVᵉ, qui est aussi l'époque des premières réunions d'États généraux.

Je ne voudrais pas, Messieurs, me jeter dans des considérations historiques, qui ne sont pas de mon domaine et où vous avez d'ailleurs pour guide, bien plus compétent et bien plus sûr, le jeune et très-distingué professeur (1) qui m'a précédé dans cette chaire; toutefois il importait de marquer le point précis où naît et commence à se développer chez nous le spectacle dramatique. Sans doute, le langage littéraire est alors fort imparfait; car notre idiôme, au sortir des dialectes provinciaux, se dégage avec peine de ses langes; mais si, par ce côté, notre ancien théâtre s'est rendu à jamais illisible, que de beautés éparses pourtant dans ce fatras obscur et que d'éclairs dans cette nuit! Oui, on sent que, avec la nation elle-même, une littérature populaire est née; une sève nouvelle circule et c'est par là surtout que le théâtre du XVᵉ siècle mérite d'obtenir autre chose qu'une froide mention dans nos annales littéraires.

(1) M. PINGAUD, transféré de la chaire de Littérature française dans la chaire d'Histoire et de Géographie.

Je dis, Messieurs, le théâtre du XV° siècle : celui du XVI° ne saurait être apprécié de la même façon. L'un, malgré toutes ses imperfections, est original, spontané, vivant, parfois pathétique, parfois aussi tout imprégné de la saveur du vieux sel gaulois ; l'autre, tout savant qu'il est, n'offre que des scènes sans vigueur, un style terne, une imitation à la fois servile et infidèle des poëtes de l'antiquité classique. On s'est bien souvent demandé si notre littérature avait plus gagné que perdu à quitter sa voie naturelle, ses traditions propres, sa libre allure, pour se mettre au service de l'imitation et n'être plus qu'un reflet, plus ou moins brillant, de l'antiquité grecque et romaine. Vous pensez sans doute, Messieurs, et je crois, comme vous, que ces questions sont passablement oiseuses ; car toute question qui ne peut se résoudre que par des hypothèses est oiseuse. Je ne prétends donc point chercher ce qu'aurait produit notre génie dramatique si, au lieu de raviver la cendre d'Agamemnon ou la poussière des Sosie et des Dave, il se fût consacré à perpétuer les souvenirs héroïques de l'histoire nationale ou à peindre les mœurs de notre société à ses divers âges. Je ne veux que vous citer, en terminant, quelques traits qui puissent vous laisser une impression moins défavorable de ce vieux théâtre des Confrères, qu'il ne faudrait pas non plus trop rabaisser.

On peut rire, par exemple, de ces trois compartiments superposés, enfer, terre, paradis, qui forment le lieu de l'action ; et pourtant que d'effets dramatiques résultent de cette correspondance visible entre les scènes de la terre et celles du ciel ou des enfers ! Aux plus terribles moments de la passion, à l'agonie du Jardin des Olives et pendant les souffrances même de la croix, les joies du ciel et ses concerts adoucissent et, suivant l'expression d'Aristote, purifient le sentiment douloureux du spectateur. Dieu le Père apparaît ou plutôt se fait entendre à de certains moments solennels : alors le silence se fait sur la terre, aux enfers même, et tous les événements sont comme suspendus.

Le rôle de la Vierge est traité avec un soin infini : c'est déjà ce type pur, cette idéalisation de l'amour maternel, dont les peintres nous laisseront tant de vives images. Quand elle retrouve Jésus après la discussion au Temple avec les Docteurs :

> O mon doux enfant gracieux, lui dit-elle en l'embrassant,
> Fils de toute douceur parfait,
> Mon cher fils, que nous as-tu fait ?
> Qu'as-tu fait à ta pauvre mère ?
> Dieu sait combien je, et ton père,
> T'avons quis dolents et yrés !

Elle prend part à toutes les péripéties du drame et, quand approche le moment fatal, on la voit chercher à détourner Jésus de sa résolution, puis s'évanouir au récit des dangers qu'il court, et enfin, dans toute la dernière phase du cruel procès, elle est là, suivant partout son fils, le contemplant avec deuil et amour, jusqu'à la consommation du sacrifice. La scène de la Descente de Croix est aussi des plus navrantes et je pense, Messieurs, qu'il n'y a point de témérité à supposer que là, comme en bien d'autres sujets, les grands artistes de la fin du XVe siècle et du XVIe n'ont fait que traduire en marbre ou sur la toile les saisissantes représentations des mystères.

Ainsi, pour n'en citer qu'un exemple, vous connaissez certainement, au moins de réputation, ce fameux Sépulcre de Ligier Richier, dont s'enorgueillit à juste titre la ville de Saint-Mihiel. J'ai souvent admiré ce chef-d'œuvre de sculpture, ces saintes femmes soutenant le corps allangui du Christ expiré, et je ne puis m'empêcher d'y retrouver la reproduction de l'une des scènes les plus touchantes du Mystère de Metz. C'est la 12e de la 4e journée : Joseph d'Arimathie vient, avec Nicodème, de détacher Jésus de la croix ; Saint-Jean et la Magdelaine les ont aidés dans ce triste office. Lorsque cela est fait, la sainte Vierge demande pour dernière consolation d'embrasser un moment son fils chéri. « Icy, dit le livret, s'assied Notre-Dame à terre et » prend Jésus en son giron, et les Maries sont auprès. » C'est tout à fait le groupe de Ligier Richier.

La scène de l'apparition de Jésus à la Magdeleine est encore de celles que les maîtres de la peinture ont souvent reproduites ; et je ne sais même si le Mystère (sc. 15º de la 4ᵉ journée) ne l'emporte pas ici en effet dramatique. Le Sauveur ressuscité se présente à Marie-Madeleine « en forme d'un jardinier ; » elle ne le reconnaît point et lui demande si c'est lui qui a enlevé le corps du tombeau. Le Sauveur la regarde et lui dit ce seul mot : « Marie ! » Aussitôt elle le reconnaît et tombe à ses pieds. Quelle toile ou quel marbre pourrait rendre ce mot unique : Marie !

En regard de ces caractères suaves et tendres, se montre celui de Satan, qui ne manque pas d'une certaine grandeur et qui offre des traits dignes parfois du Satan de cet illustre aveugle dont mon collègue de la littérature étrangère (1) vous a parlé ces jours derniers avec une éloquence si entraînante. Dans la scène de la Tentation au Désert, Satan montre à Jésus les royaumes du monde :

> Premier, vois en sommation
> La terre de promission,
> Qui est terre où tout bien abonde.
> Voici tout le milieu du monde ;
> Deçà est la terre d'Europe,
> Delà la terre de Ethiope,
> Tous royaumes de noble arroy,
> Desquels je suis seigneur et roi.

(1) M. Emmanuel des Essarts, dont la Leçon d'ouverture avait été faite le Vendredi de la semaine précédente.

> Rome tiens, Grèce à moi s'applique,
> Arabe, Tharse, Asie, Afrique,
> Égypte, Calde, Babilonne,
> Tout est à moi, et tout te donne ;
> Mais que devant moi tu te inclines
> Et m'adores.
> (Scène 11e de la 1re journée).

La scène de Jésus demandant le baptême à Jean (I. 8.) est comme la contre-partie de celle-ci ; car il y a dans toute cette composition dramatique du Mystère une science des contrastes vraiment remarquable : « Tu es précepteur, je suis serviteur, dit Jean au divin néophyte ;

> Tu es le pasteur, ton ouaille suis ;
> Tu es le docteur, je suis l'auditeur ;
> Tu es le docteur, moi consécrateur,
> Sans qui rien ne puis.
> Je suis créature et pauvre facture,
> De simple stature, humble viateur ;
> Ce serait laidure et chose trop dure
> Laver en eau pure mon haut créateur.

Vous voyez, Messieurs, même en ces passages choisis, percer cette infirmité de langage, que des retouches successives n'ont pu faire disparaître, et qui est le côté faible de ces anciennes œuvres dramatiques. Mais pour la vigueur et l'invention, pour le naturel des sentiments, comme pour l'instinct des véritables conditions théâtrales et pour l'entente du dialogue, ces œuvres vont bien au-delà de celles des Jodelle, des Garnier, des Hardy ; et si nous devons chercher quelques germes d'art dramatique avant Corneille et Molière, c'est là qu'ils existent.

Dans le Mystère du Vieux Testament, le petit Isaac, revenant de jouer avec les jeunes garçons du voisinage « à la fossette et à pique-rome, » apprend de son père que Dieu commande qu'il soit sacrifié : l'enfant se soumet, non sans regret de la vie, aux ordres du Seigneur :

Mais veuillez moi les yeux cacher
Afin que le glaive ne voie,
Quand de moi veudrez approcher :
Peut-être que je fouiroie.
— Abraham : Mon ami, si je te liois,
        Ne seroit-il point déshonnête ?
(Son père lui bande les yeux ; le coup fatal va être frappé.)
« Adieu, mon fils ! — Adieu mon père,
Lié suis, de bref je mourrai,
Plus ne vois la lumière clère.
— Adieu, mon fils. — Adieu, mon père,
Recommandez-moi à ma mère,
Jamais je ne la reverrai.
Adieu, mon fils. — Adieu, mon père,
Lié suis, de bref je mourrai. »

Voilà qui est touchant, pathétique et simple ; c'est la nature qui parle, et l'Iphigénie de Racine n'a peut-être pas fait couler plus de larmes que ce naïf dialogue.

Cette même naïveté du dialogue, cette entente dramatique, cette vivacité et ce naturel des peintures et des sentiments, c'est encore notre plus ancien théâtre qui, dans le genre comique, nous en fournit des exemples.

Je ne parle pas des *Moralités*, dernier débris de la manie allégorique du moyen-âge et où se voient ces étranges personnages qui s'appellent Bien-Avisé, Mal-Avisé, Confession, Aumône, Regnabo, Regno, Regnavi ; Paucitas dierum, Limon de la terre, Désespérance de pardon, Gloutonnie, Paresse, Ire ; ou bien Je bois-à-vous, Je pleige-d'autant, etc. Je doute que ces plates inventions, sauf une ou deux peut-être, aient été jamais représentées : en tous cas elles n'offrent rien qui intéresse notre sujet. Du temps des Pères de Saint-Acheul, vers 1828, on faisait lire encore dans certains colléges un livre qui peut vous donner une idée de ces moralités. C'est l'histoire d'un nommé Chrétien qui, séduit par Orgueil et Fainéantise, tombe, après diverses aventures, dans le bourbier de Concupiscence, d'où il est tiré par la vierge Pureté, suivie de deux acolytes qui sont le 6ᵉ et le 9ᵉ commandements ; et depuis cela, un homme sec et blême suivait toujours Chrétien ; c'était le nommé Remords. Cette histoire, qui avait sans doute l'intention d'être édifiante, est une sorte d'abrégé de la Moralité de l'Homme mondain, composée par Simon Bourgouin, valet de chambre du roi Louis XII. Elle comprend trente mille vers et forme un gros volume in-quarto, où pour notre part nous la laisserons dormir.

Les *Soties* ne valaient guère mieux que les moralités. Celle qui est donnée comme le modèle du genre, et que les frères Parfait n'osent (tant elle est belle) attribuer à P. Gringore, m'a paru un chef-d'œuvre fort ennuyeux. C'est encore sous Louis XII que cette sotie se produit, et on y sent déjà le souffle de la Réforme. Le vieux monde, fatigué d'une longue route, s'est endormi dans un bois ; Abus s'empare de la scène ; il fait sortir successivement des arbres voisins, comme autant de dryades, sot dissolu, sot glorieux, sot corrompu, sot trompeur, qui représentent gens d'église, gens de guerre, gens de justice et marchands, puis sot ignorant et sotte folle. Ces six personnages se mettent en idée de construire un nouveau monde. Sur le conseil d'Abus, ils conviennent, après avoir bien disputé, de prendre Confusion pour fondement de leur édifice. Il ne s'agit plus que d'élever les piliers, et chacun propose les pièces qui doivent faire son pilier. Sot dissolu offre hypocrisie, ribaudise, apostasie, lubricité, simonie, irrégularité. Sot glorieux présente « un gros tronçon de lâcheté nouvellement arrivé de Sens, » puis pillerie, bombance, mépris, avec quelques morceaux de courroux. Le troisième pilier, qui est celui de sot corrompu, se compose de corruption et faveur « qui logent surtout au palais en la grand'salle, » puis d'ambition d'offices et d'un bon morceau de fausseté. Le marchand apporte tromperie, fausse mesure, avarice et usure ; l'ignorant choisit convoitise, chicheté, rusticité, rébellion; et enfin Sotte folle prend caquet, dépit, variation et faiblesse avec enragement. Voilà les six piliers faits et l'édifice debout; mais une nouvelle dispute survient, à propos de Sotte folle; on se bat et tout s'écroule. Le vieux monde se réveille là-dessus.

Il y a là certainement, Messieurs, une donnée, un commencement de vrai comique; mais l'invention est fade et le jeu de scène on ne peut plus monotone. Il faut nous reporter à une date plus ancienne, à une œuvre contemporaine de Louis XI, pour trouver, dans le genre comique, une pièce qui mérite, je ne dirai pas d'être comparée, mais d'être égalée aux meilleures scènes de Molière.

Ce chef-d'œuvre est anonyme; mais si l'auteur est inconnu, l'ouvrage n'en a pas moins un nom célèbre, un nom immortel et que vous connaissez tous, Messieurs : c'est *Patelin*. Quelle verve! Quelle rapidité de dialogue! Quelle habile gradation des scènes! Quel plaisant tableau de mœurs! Vous en connaissez le sujet, que, pour clore notre séance, je vous rappellerai en peu de mots.

Patelin est un avocat sans cause, mais non sans astuce et faconde. Cependant la misère est au logis, sa femme et lui n'ont plus que loques pour se vêtir; comment, sans argent, renouveler la garde-robe? Il va trouver un drapier du voisinage, et fait si bien, l'enveloppe de tant de cajoleries, que le marchand, pour fin et défiant qu'il soit, lui laisse emporter à court crédit six aunes de drap, qu'il lui vend du reste le plus cher qu'il peut, c'est-à-dire au-delà de ce que cela vaut. Rentré chez lui, Patelin fait la leçon à sa femme Guillemette et, quand le drapier, tout alléché d'une prétendue oie en train de rôtir et d'un prétendu vin d'ami dont son client lui a fait fête, vient pour toucher son argent et faire en même temps un bon repas, il ne trouve que Guillemette en larmes et le mari agonisant en sa couche. Il tient bon toutefois, se montre très-revêche et ne démord pas de ses six aunes de drap. Mais Patelin et Guillemette lui font voir tant de couleurs, qu'il finit par ne savoir plus que croire et s'en va en grommelant. Il ne tarde pas à revenir, tout furieux de s'être laissé duper. Patelin s'y attendait. Ce second assaut est plus vigoureux encore que le premier ; la défense dépasse aussi tout ce qu'on peut imaginer et va jusqu'au sublime du comique. Patelin est en délire : tous les jargons, tous les patois se succèdent en sa bouche ; il entasse, les unes sur les autres, les rêvasseries les plus bizarres ; il prend le drapier pour un prêtre et l'effraie de ses interpellations délirantes. Guillemette s'effraye à son tour : las ! il s'en va, s'écrie-t-elle. Le malade redouble ses étranges et impétueux radotages, il menace, il crie, il supplie, il parle picard, normand, gascon, latin, charabias ; on n'y comprend plus rien. Il écume, il râle, il va trépasser. Maître drapier à la fin est vaincu, non sans peine ; il se sauve, persuadé que le diable est venu, sous la figure de Patelin, prendre son drap :

> ... Le diable, en lieu de ly,
> A pris mon drap pour moy tenter.
> Benedicite ! Attenter
> Ne puist-il ja à ma personne !
> Et puis qu'ainsi va, je le donne
> Pour Dieu à quiconque l'a pris.
> (Scène XII, vers 990-994.)

La seconde partie de la pièce, le second acte, si l'on veut, nous montre l'avaricieux drapier aux prises cette fois avec son berger qui lui a dérobé ses moutons ; il le fait citer devant le juge. C'est alors qu'a lieu cette incomparable scène de l'affolement du drapier, qui, retrouvant à l'audience, en robe d'avocat, ce Patelin qu'il a laissé à l'agonie et délirant, perd la tête, confond ses moutons et son drap, interpelle Patelin et le berger, brouille tout, met le juge en confusion et finalement se fait envoyer hors de cour avec dépens. La comédie française ne compte pas, je crois, une seconde scène comme celle-là.

A la fin le rusé avocat est lui-même berné par le madré paysan, dont il ne peut tirer autre paiement que le bê qu'il lui a si bien appris. C'est la morale de la pièce, et c'est encore un trait de mœurs à relever dans ce chef-d'œuvre qui en présente tant d'autres.

La comédie de Patelin compte 1599 vers de huit syllabes et peut se partager en deux actes, le premier de treize scènes et de 1006 vers, le second de huit scènes et de 593 vers. Le lieu de l'action doit être supposé à trois compartiments juxtaposés : d'un côté la chambre de Patelin avec le lit, de l'autre la boutique du drapier, au milieu la place publique avec le tribunal du juge. La langue est nette, claire, ferme, de bon aloi : elle a la marque du génie. Un seul homme, au temps de Louis XI et dans toute notre vieille littérature, a eu cette langue et ce génie, c'est Villon, ce poëte populaire, « né de Paris emprès Pontoise, » et dont les années concordent si exactement avec la date de Patelin qu'il en ressort un invincible rapprochement. Je n'ose toutefois, Messieurs, insister sur cette conjecture, qui est peut-être une hérésie, et je me hâte de terminer.

Notre tâche d'ailleurs est elle-même à son terme ; car entre Patelin et Molière, de même qu'entre les plus vieux Mystères et le Cid, il n'y a rien. Le génie de notre nation se trouve comme accablé, pendant près d'un siècle, par l'étourdissement que lui cause l'irruption subite des auteurs de l'antiquité ; la phrase française prend d'autres allures et cherche à se calquer sur la phrase latine ; le vocabulaire même se modifie, nombre de mots se perdent, d'autres naissent plus ou moins heureusement de l'imitation. Il a fallu bien du temps pour se débrouiller entre tant d'éléments divers, et pour que de cet alliage sortît la littérature du XVIIe siècle.

Le théâtre, plus qu'aucun autre genre littéraire, fut envahi par la manie latinisante ou grécisante. A partir de 1552, date de la première tragédie classique (Cléopâtre captive, par Jodelle), on ne voit plus que des Agamemnon, des Thésée, des Alexandre et des Daire, des Achille ou des Pyrrhe et des Ulysse : il semble qu'un nouveau cheval de Troie soit venu ouvrir ses flancs sur notre scène.

La comédie, qui n'est rien si elle n'est pas une peinture des mœurs, se fit gloire à son tour de n'être qu'une copie de l'antique : « N'attendez donc en ce théâtre, dit un prologue de Grevin en 1558,

> Ni Farce ni Moralité,
> Mais seulement l'antiquité,
> Qui d'une face plus hardie
> Représente la Comédie. »

Partant de là, Grevin et ses congénères ou successeurs crurent imiter Plaute et Térence en remplissant leurs pièces de filles enlevées en bas âge et reconnues ensuite, de déguisements et de surprises, sans compter les magiciennes, les capitans, les naufragés qui reparaissent à propos, les occis qui ne sont jamais morts, les bourses enfouies qui sont toujours découvertes, les intrigues doubles ou triples s'emmêlant les unes dans les autres, et tout l'*imbroglio* emprunté à la comédie italienne.

Nous pourrons, Messieurs, dans notre étude sur Molière, trouver l'occasion de revenir en passant à ce théâtre des Jodelle, des Grevin, des Jean de la Taille, des La Rivey, des Hardy, des Mayret, des Gombaud, des Rotrou, ne fût-ce que pour y glaner quelques germes des situations que le génie de notre grand comique a su s'approprier en les transformant. Aujourd'hui nous avons dû commencer par déblayer (permettez-moi cette expression) les avenues de notre sujet, semblables à ces ouvriers qui dégagent d'un amas de scories informes l'accès d'un beau temple antique et qui ensuite se trouvent en présence du monument lui-même, de ses péristyles, de ses statues, de la pleine lumière dont il est inondé. Nous avons franchi, non sans peine, les origines confuses de notre théâtre; nous aurons à nous dédommager en admirant à notre aise les immortelles créations de Molière.

Troyes. — Typ. BERTRAND-HU

www.ingramcontent.com/pod-product-compliance
Lightning Source LLC
Chambersburg PA
CBHW061013050426
42453CB00009B/1406